VOR EINER SEKUNDE...

VON GERD STEINKOENIG

© 2021, Gerd Steinkoenig
Herstellung und Verlag: BoD – Books on Demand, Norderstedt
ISBN: 9783754348765

Die Stille des Mondes (28. September 2015)

Schaue aus dem Fenster, gucke die Straße runter und am Firmanent, von tanzenden Wolken umgeben, der Vollmond. Nach dem Naturschauspiel als "Blutmond", als er uns so nahe kam, strahlt er nun eine majestätische Ruhe aus. Es wird harmonisch und friedlich in mir. Wie heißt es so schön: Guter Mond, du scheinst so stille...

Überall auf diesem Planeten erstrahlt der Erden-Wegbegleiter. Nur auf was muss der "Mad Man Moon" blicken: zu anfangs auf einen ruhigen, stillen, blauen Himmelskörper von göttlicher Aura. Bei näherer Betrachtung will er am Liebsten aus seiner Umlaufbahn. Dort Bomben, da Feurbrunst, drüben Mord und Vergewaltigung, überall Schändung von Natur und Tier, was ist da unten nur los. Gibts da keine Ethik, keine Liebe, keine Moral? Und er schaut weiter, dort Gier, da Machtmissbrauch, Terror an allen Ecken. Dann wird dem "Mad Man Moon" ganz wohl ums Herz: er sieht sie, er findet sie, da ist sie ja, die Liebe, der Respekt, die Harmonie, da sind Menschen mit dem Slogan "One World, One Future" oder "Wir sind alles Brüder und Schwestern". Aber es sind noch zu wenige. Die Krankheiten wie Rassismus, Menschenhass sind anscheinend unausrottbar. Der Mond erblickt Willkommenswürde und Menschenjagd, Geschenke an Bettler und Börsenspekulationen auf Lebensmittel, Retter der Natur und Regenwaldvernichter.... Gut und Böse, Ying und Yang...

Seit Jahrtausenden sieht sich der "Mad Man Moon" die Laune der Natur "Mensch" nun an. Er wird es weiter tun und weiter einsam seine Bahnen ziehen. Vielleicht wird aus der Menschheit ja noch was, die Hoffnung stirbt schließlich zuletzt ⍰

Straßen, Heimat, Hinterhöfe (26. September 2013)

Das Fenster offen, Katze Molly chillt,

die Luft trägt die Geräusche ins Wohnzimmer,

Autos, Stadtgeräusche, Gemurmel,

Fenster zum Hof-Feeling ala Hitchcock.

Ich laufe durch die Stadt,

vertraute Häuser und Straßen,

gewohnte Konstanten auch nach Jahrzehnten,

ein Teenie fühlt genauso wie ein Opa:

Gedanken an Kaiserslautern, Heimat.

Ach, wo war ich überall, Mannheim,

Frankfurt und München,

Hamburg und Stuttgart,

aber wenn ich die ersten Häuser sehe

von Kaiserslautern, dann weiß ich,

ich bin zu Hause, fühle mich wohl.

Kneipen und Discos, formatierte Innenstädte

mit Aldi, 1Euro-Läden oder Bäckereien,

leer stehende Läden zum Vermieten,

Graffitis und Schlägereien um Mitternacht,

Arbeitslose und leere Kassen,

wie in jeder Stadt, auch das ist K-Town.

Aber vorallem die typisch Lautrer Architektur,

der 1. FC Kaiserslautern und meine Trauerweide

im Hagelgrund, Geschichte und Erinnerungen,

Opa denkt an Fritz Walter 1954, ich erinnere mich gerade an

Smile, Thing oder Old Vienna in den 70ern,

der Teenie geht am Wochenende ins Underground

oder in die Nachtschicht.

Ich laufe durch die Straßen, die Herbstsonne scheint,

vertraute Bilder, Zeitgeister und Erinnerungen,

und vorallem Zukunft und Tatendrang!

6 Fotos aus der 17 Jahre-Wohnung in Kaiserslautern (1998 - 2015)

Sind weitere solche KL - Fotos in meinen Büchern (z.B. Katzemääädsche Molly und ihrem Revier...)

Bundestagswahl 2021 - und 2017...

Gerd Steinkoenig

26. September um 21:04 ·

Mit Öffentlich geteilt

Berliner Runde ist ein Theaterstadl von Bullerbü, mit Volksschauspielern wie Märchenonkel Laschet, der Lindner, Miss Annalena, Bazi-Söder, Olaf (der niemals lacht), Alice W im Wunderland, irgendeine Linke... Ich lach mich köstlich, hahahaha...

Gerd Steinkoenig

28. September um 19:35 ·

Mit Öffentlich geteilt

The Fall of Demokratie? SPD Nr 1 - Mehrheit (ca 6 % plus)! Ampelkoalition = alle 3 Parteien mit Plus!! CDU minus ca 9 % MINUS und weniger wie SPD, trotzdem will Märchenonkel Laschet die Macht und Regierung (Jamaika- Koalition)! Das ist eine Verarschung der SPD - Wähler! So langsam werde ich Alice Weidel - Fan...

Hatte wieder ein Video über den Vorabend - wie 2017... Damals hatte ich einen Tag später meinen Schlaganfall... Das Momentum folgend 2017 am gleichen Frühmorgen bevor der Bumm kam, dann Resumee, dann 2021-Momentums (inkl. Video). Die Original 2017-Worte vom Vortag ist in meinem "Paris Texas"-Buch!

Genesis, Haustiere & Running Gag...

7 Fotos:

Gerd Steinkoenig hat eine Erinnerung geteilt.
24. September um 17:57 · 🌐

DER Runing Gag... Von wegen letztes Buch... Aus 12 wurden 24 Bücher...

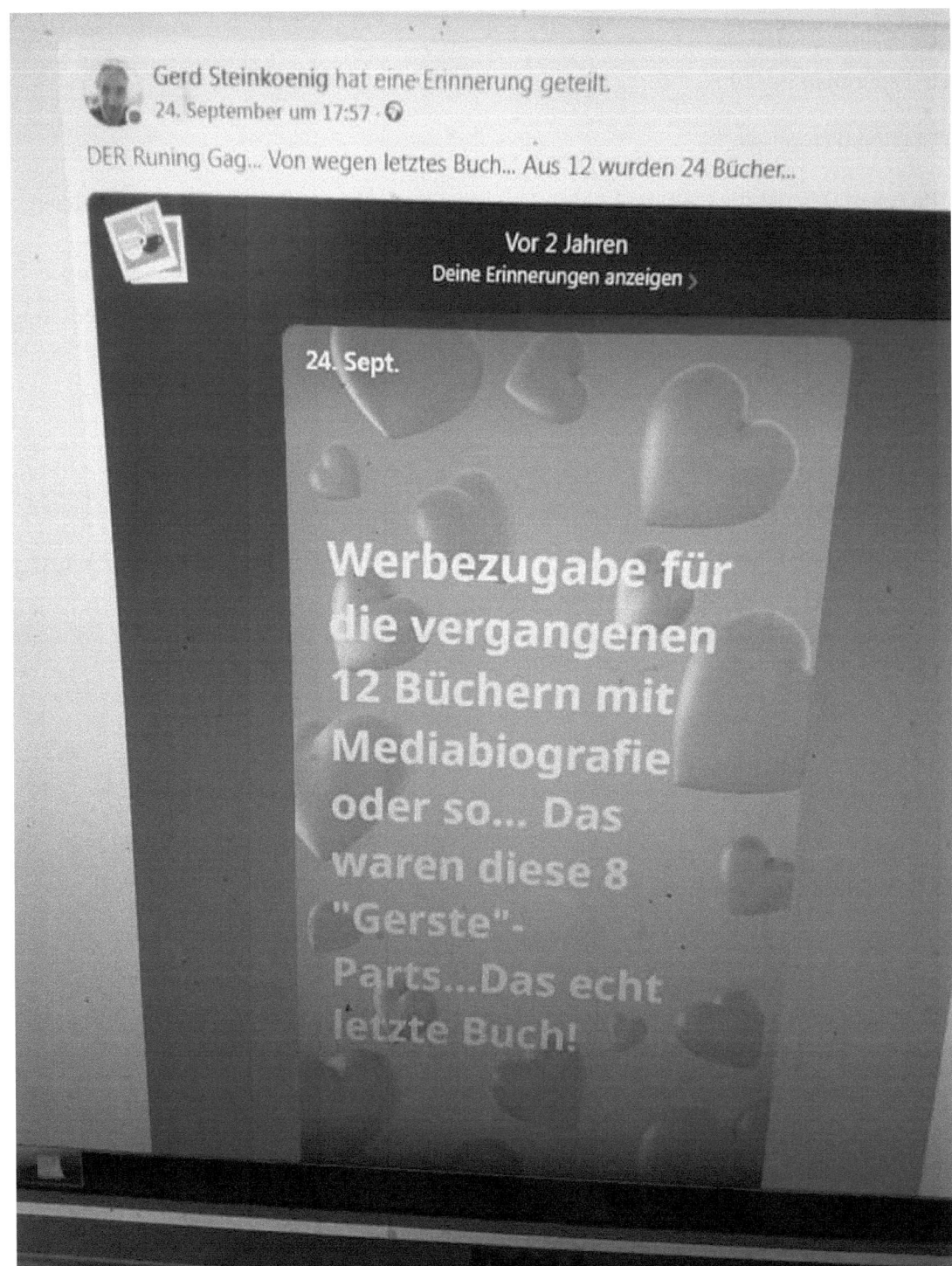

Vor 2 Jahren
Deine Erinnerungen anzeigen >

24. Sept.

Werbezugabe für die vergangenen 12 Büchern mit Mediabiografie oder so... Das waren diese 8 "Gerste"- Parts...Das echt letzte Buch!

Gerd Steinkoenig hat eine Erinnerung geteilt.
28. September um 13:33 · 🌐

Schnuffel, Jodie und Molly...

Vor 9 Jahren
Deine Erinnerungen anzeigen >

Gerd's Katze Molly hat ihre eigene Seite
28. September 2012 · 🌐

Alle drei in Eintracht: Molly, Schnuffel, Jodie 😊

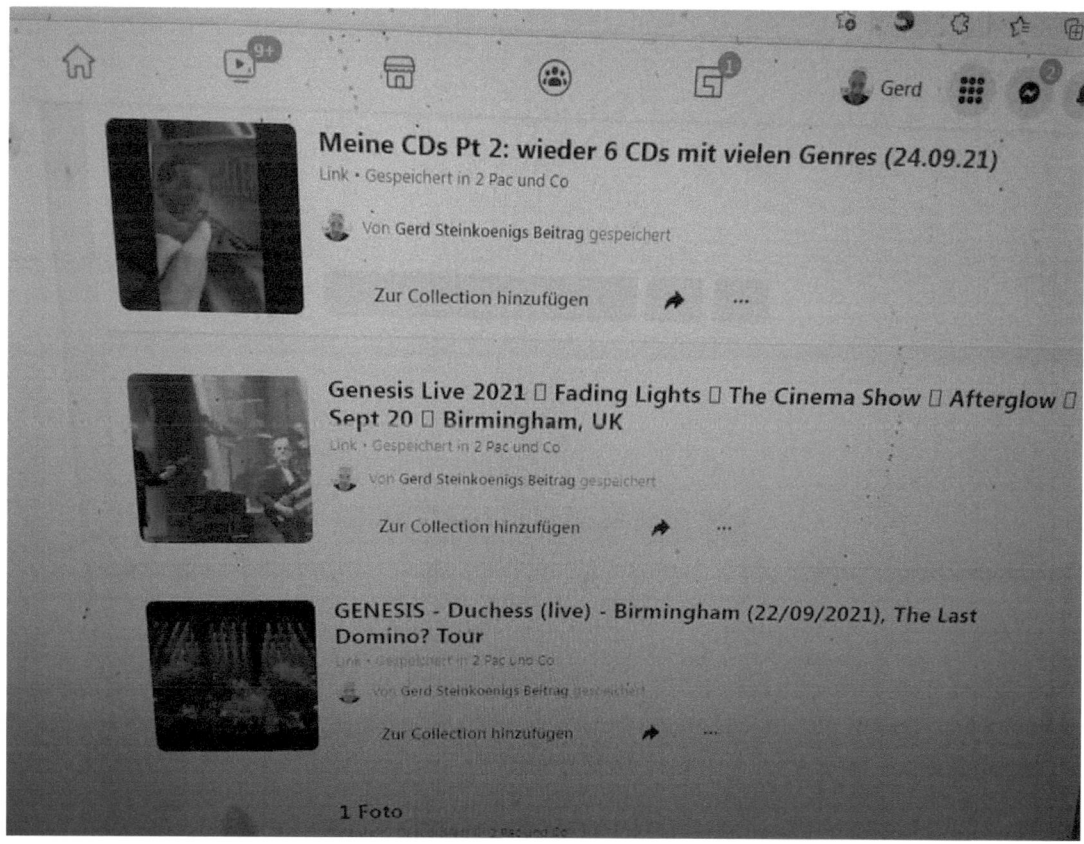

Meine CDs Pt 2: wieder 6 CDs mit vielen Genres (24.09.21)
Link · Gespeichert in 2 Pac und Co

Von Gerd Steinkoenigs Beitrag gespeichert

Zur Collection hinzufügen

Genesis Live 2021 ▢ Fading Lights ▢ The Cinema Show ▢ Afterglow ▢
Sept 20 ▢ Birmingham, UK
Link · Gespeichert in 2 Pac und Co

Von Gerd Steinkoenigs Beitrag gespeichert

Zur Collection hinzufügen

GENESIS - Duchess (live) - Birmingham (22/09/2021), The Last
Domino? Tour
Link · Gespeichert in 2 Pac und Co

Von Gerd Steinkoenigs Beitrag gespeichert

Zur Collection hinzufügen

1 Foto

Gerd Steinkoenig hat eine Erinnerung geteilt.
25. September um 16:58 ·

Jubiläum Pt 6... Jetzt wisst Ihr was ich meinte mit den vielen Jubiläum Posts... Vor genau 4 Jahren hatte ich meinen Schlaganfall... Delirium, rumgesiecht, Treue von meiner Molly... Bei diesem Post brauchte ich nur ca 4 bis 5 Minuten und dann bumm... Wollte nach dem Post recherchieren wie das Ergebniss von der BTW ist (insbesondere Die Grünen) und aufeinmal konnte ich mit der Maus nicht drücken, kein Gefühl und dann eben bumm... Der Übergang zu meinem nächsten Leben... DAVOR war SHINE ON YOUR CRAZY DIAMOND, DANACH ist RUST NEVER SLEEPS, davor meine rastlose Suche, danach mein Glück und Gelassenheit (und natürlich meine Gesundheit). Davor bisschen Naivität und Party, danach Vernunft und Disziplin! Für meine treuen fbFreunde (mal

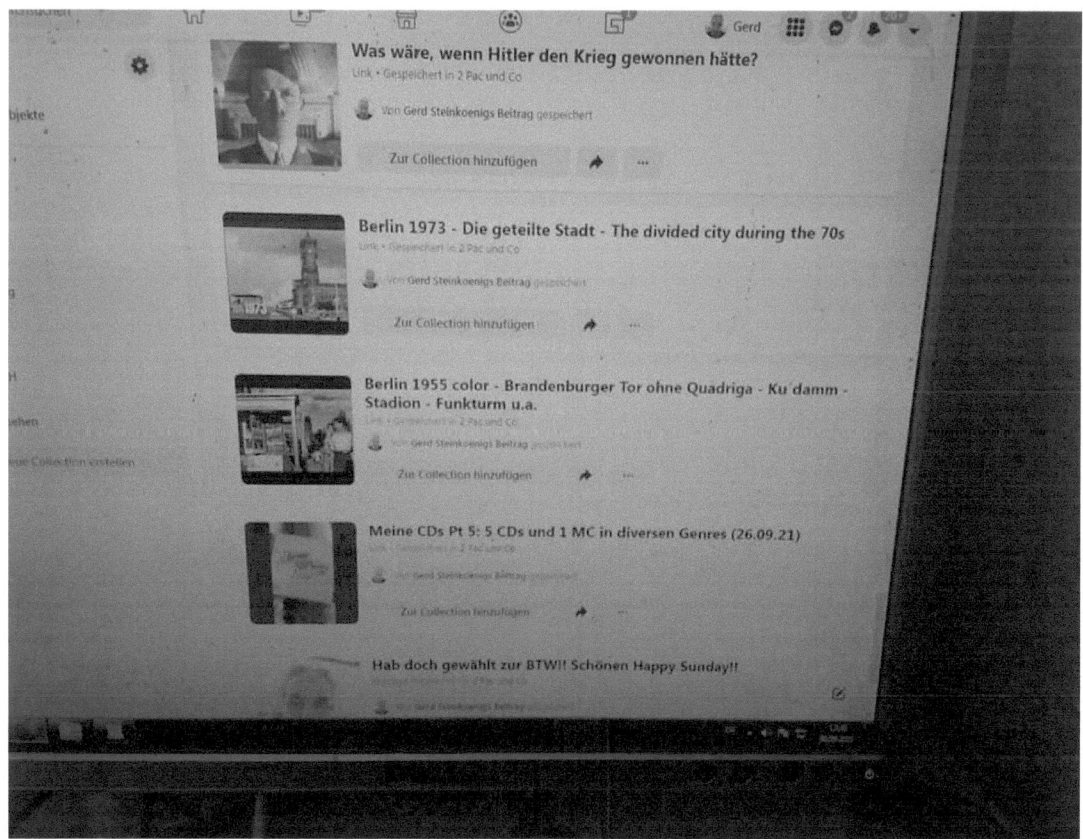

Was wäre, wenn Hitler den Krieg gewonnen hätte?
Link · Gespeichert in 2 Pac und Co

Von Gerd Steinkoenigs Beitrag gespeichert

Zur Collection hinzufügen

Berlin 1973 - Die geteilte Stadt - The divided city during the 70s
Link · Gespeichert in 2 Pac und Co

Von Gerd Steinkoenigs Beitrag gespeichert

Zur Collection hinzufügen

Berlin 1955 color - Brandenburger Tor ohne Quadriga - Ku'damm - Stadion - Funkturm u.a.
Link · Gespeichert in 2 Pac und Co

Von Gerd Steinkoenigs Beitrag gespeichert

Zur Collection hinzufügen

Meine CDs Pt 5: 5 CDs und 1 MC in diversen Genres (26.09.21)

Von Gerd Steinkoenigs Beitrag gespeichert

Zur Collection hinzufügen

Hab doch gewählt zur BTW!! Schönen Happy Sunday!!

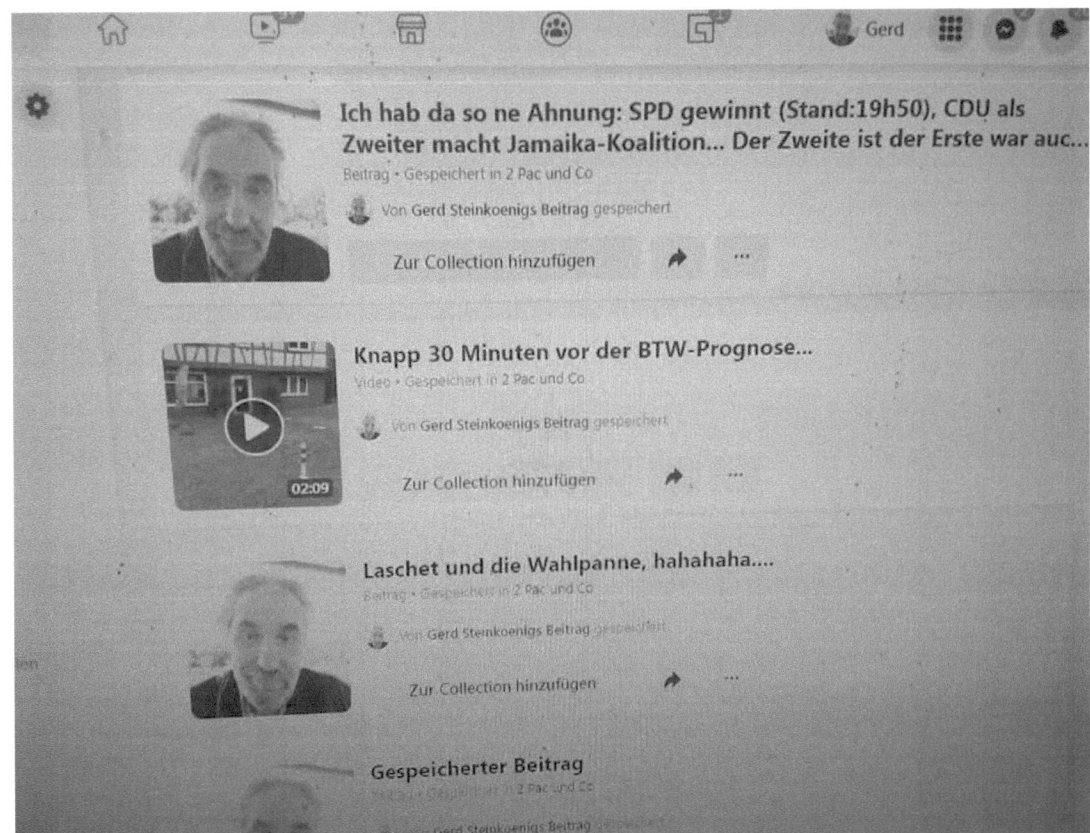

Doch noch von der BTW 2017 vor meinem Schlaganfall - hab ich vorhin doch noch gefunden...

Gerd Steinkoenig hat eine Erinnerung geteilt.

24. September um 18:00 ·

Mit Öffentlich geteilt

1 Tag vor dem Schlaganfall vor 4 Jahren Teil 2

Vor 4 Jahren

Deine Erinnerungen anzeigen

Gerd Steinkoenig ist in Annweiler am Trifels.

24. September 2017 ·

Mit Öffentlich geteilt

ZEITENWANDEL.... Der Himmel blickt herab wie immer, Menschen flanieren an der Eisdiele am Wasser, das Dörfchen liegt in der sonntäglichen Mittagspause, das Wählen fühlte sich an wie im alten Wohnort, aber knapp 5 Stunden stehen wir vor dem Gau, neue Herausforderungen für die Demokratie, der rechte Mob wird im Bundestag einziehen. Der idyllische Dorfsonntag ist ruhig und cool wie immer, was wird uns erwarten.... Sturm im Wasserglas? In 4 Jahren ist der Spuk vorbei? Oder ist es der Anfang vom Ende der Freiheit? Merkel, Schulz und Co., labert nicht nur, sondern arbeitet für jeden Bewohner dieses Landes, dann verschwinden auch irgendwann die bösen Geister, die ihr mit eurer Politik selbst gerufen habt! Natürlich freut sich jeder 5. oder 6. Bürger über den Einzug der Ewiggestrigen und wetzt schonmal die Messer, man darf ja wieder in Deutschland....ZEITENWANDEL....   C P Gerd Steinkoenig, 24.09.17

Gerd Steinkoenig hat eine Erinnerung geteilt.

24. September um 17:59 ·

Mit Öffentlich geteilt

1 Tag vor dem Schlaganfall vor 4 Jahren Teil 1

Vor 4 Jahren

Deine Erinnerungen anzeigen

Gerd Steinkoenig

24. September 2017 ·

19

Mit Öffentlich geteilt

Gerds Schnell-Wahlanalyse 24.9.17, 19h51.... Respekt vor der SPD, ich GLAUBE es Schulz und Co., das sie in die Opposition gehen. Das die AfD als stärkste Opposition bei den Sitzungen als Erste der Kanzlerin antwortet - Rechtsradikale als Oppositionsführer - darf nicht sein. Die SPD wird stärkste Oppositionskraft sein. Und schon hört man die anderen Parteien über die SPD meckern, sie würden sich aus der Verantwortung ziehen. Gerade das Gegenteil ist der Fall! Allerdings, Achtung!!! Schwarz/Grün/Gelb ("Jamaica"-Koalition) ist die einzige Regierungsalternative. Und mir ist es ein Rätsel, wie CSU und Grüne zusammenkommen sollen... Mein Tipp: NEUWAHLEN! PS: Vor dem AfD-Haus wird die Demonstration gegen die Nazis immer aggressiver - wird eine interessante Nacht...

In KL (2005, 2009) war ich 2 x Wahlhelfer in KL (Geschwister-Scholl-Schule). 1970 - 1972 war ich als Schüler in der Geschwister-Scholl-Schule.... Damals gewohnt in der Emilsruhe... Und dann noch im Schularbeitszirkel (Fischerhaus). Nach zig Jahren hatte ich ein Foto von eimem "ewig" verlassenen Kiosk - immer von der Emilsruhe bis zum SChularbeitszirkel und zwischendrin auf dem Weg das Kiosk (pälzisch hääßt dess Ständche). Jeden Monat immer gekauft zum TOP-Heftchen mit aktuellen Songtexten... Hach...

Ein Foto mit diversen Städten und Lebensstationen (Collage mit KL, Annweiler, Bad Bergzabern)

Zusammengefasst mit einer e-mail wegen Mutter etc... Tatsächlich: meine Betreueranwältin ist nach einer "Ewigkeit" Freunde... Hoff ich... Ja, und Mutter: heute (30.09.21) ging es ihr gut... Da hoff ich auch... Vom Stand der e-mail war nochmal 1 Krankenhaus-Aufenthalt (momentan)...

GERD STEINKOENIG, ANNWEILER AM TRIFELS, GERMANY

BUCHAUTOR, TV-PRODUZENT, FOTOGRAF

Hallo Ihr Lieben, besonders mein Superexxxxchen und meine Neuliebe Frau Wxxxxxx!

Vielen, vielen Dank, Frau Wxxxxxx, das vergesse ich Ihnen NIE!! Ab jetzt haben Sie ein Zimmerchen in meinem Herzen!!

Für Frau Exxxx sowieso in meinem Herzen, lach...

In den letzten Tagen hab ich das allein hingekriegt: Mein BA Stefan2 ist im Urlaub, gestern war Stefan1 ausnahmsweise da (ist ja nicht mehr da - Gott sei Dank) und hatte gleich negativen Einfluss. Aber mein Stefan 2 (ist sehr gut, cool!) ist eben nicht da. Und dann wegen das und das, ist egal, aber auf den Punkt meine Mutter! Alles jongliert mit Nachbarn, Krankenhäuser telefoniert etc - und hatte es geschafft. Und wurde "Soziale Betreuung" (wie es hieß in "meinem" Seniorenheim) mit Mutter. Heute (paralell mit der Kohle - davor) hatte eine Krankenschwester mit mir telefoniert, ob ich zu ihr helfen könnte. Geht ja nicht wegen blabla. Und dann druckste sie, sie geht in die Reha (gleiche Klinik), durch die Blume ein bisschen Pflegestation. Tags zuvor der kleine Schlaganfall und gleich diese Hautwunden (Stichworte: dünnes Blut wg SchA, dünne Haut, Blutblasen). Sie ist wirklich eigen und egoistisch - nicht nur ich (was ich öfter meinte in den Jahren - sondern die Krankenschwester selbst... Ich bin echt mal gespannt... Ich hoffe, das sie das Ziel hat zu ihrem Fuerte- Urlaub. Da hat sie Sonne (für die Gesundheit), Gemeinschaft mit alten Freunden etc. Übrigens, liebe Frau Wxxxxxx: 4 Monate Urlaub heißt nicht gleich zu viel Geld: sie spart das Jahr zum Flug, der Rest wie immer - ob jetzt Lidl in D oder "Espana-Shop". Da ist kein Dolce Vita oder Partys...

Als Dank schicke ich Euch 10 Fotos: The Best of my Sammlung (little little Best of)...

Und bei meinem Besuch schenke ich Euch selbstverständlich meine letzten 2 Bücher!!
Übrigens: Beim Buch Die Story von populärer Musik hatte ich nach 10 Tagen 24 Verkäufe -
mein erster Bestseller, lach...

Liebe Grüße und Vielen Dank!! ICH LIEBE EUCH!!

Gerd Steinkoenig

Ach ja: beim Musikbuch sind es mittlerweile sogar 31 Verkäufe...

> Die gesunde, starke Wurzel einer jeden Beziehung ist Wahrheit.
>
> VEIT LINDAU

VOR EINER SEKUNDE... (01.10.2021)

Die Globetrotter-Tour 1986 (Lyon, Perpignan, Vaison La Romaine, Avignon, Orange, Sete,

Llorett de Mar, Genf, Zürich, Winterthur etc etc...) mit zeitlosen Träumen mit L.S. mit vielen Erlebnissen (eingebrannt in meinem Kopf mit z.B. Bett im Auto Mitsubishi Colt, Fühlen mit Musiknoten in meinem Ghettoblaster nach Avignon-Haschisch, Tschernobyl-Freak mit Telefon-Verarschung, Touris in den Discos und wir an der Strandmauer mit Saxofon und Hut mit Kohle, zu spät mit Jobtraum - leider, der Traum war planmäßig, Vaison La Romaine mit 5l Rotwein-Kanister aus dem französischen Weingut mit Abend/NachtOpenAirParty mit 2 Afrikaner-Bongos und L.S.Saxofon und morgens aufeinmal tüttüt: ich auf dem Parkplatz gelegen und aufgewacht, sie hat nur gut gelaunt gelacht - war ja schließlich in den 1980ern etc etc...), 4 MCs gekauft vor der Globetrotter-Tour: So (Peter Gabriel), Legend (Bob Marley), Invisible Touch (Genesis), Black Celebration (Depeche Mode) - und das Vaison La Romaine Ding mit MC-Aufnahme wo die Session war mit 2 Bongos und 1 Saxofon... L.S.: wow, geil, wer ist das? Ich: das ward ihr!! L.S.: Waaaas? Gibts nicht... Vor einer Sekunde auch bei den anderen 24 ISBN-Bücher, diverse no-isbn-Bücher, z.B. das legendäre Tribute-Konzert in Rockenhausen (schwedische Band, heißt wirklich Tribute) - ich hatte nuur ein Konzert ohne Tonträger später, ein Unikat nur für mich, dann kam you tube... Oder der schwarze Afghane frühmorgens mit C.H. (später) und ich jagte einen Dackel mit WauWau auf allen Vieren - der Dackel stutze und flüchtete... War alles in den 1980ern... Oder "neu aus den Büchern" 2014 mit M.O. in KL am Cafe zum HBF ("ach Gott, meine Tochter mit Geldbeutel ist weg" - da hat sogar ein unbekannter Nachbar gelacht...). Nachts wenn ich einschlafe habe ich oft Gedanken und/oder Träume mit vergangenen Erlebnisse. Wollte eigentlich ein Buch schreiben, aber wie soll ich das professionell machen?? Bin ja nur Autor... Es sund tatsächlich nur eine Sekunde... Durch das geistige Auge ist der Moment von z.B. 1976 (Schwimmbad Rodenbach) oder 1982 (Dorothea) oder 1998 oder 2005 oder 2015 immer sofort da. War doch erst...

MÄRZ-GEDANKEN 2021

Gerd Steinkoenig
21. März

Leckerli von gestern für Molly (zu ihrem 16. Geburtstag) ... 2.Foto: ob Molly wohl da ist als Geist oder Engel? Hat nicht gefuttert – weil sie von oben wohl meinte "nöö, will ich net", hahaha... I Miss You, moi Katzemäädschel (Drückt auf die Fotos, dann isses komplett). Christa Krauß

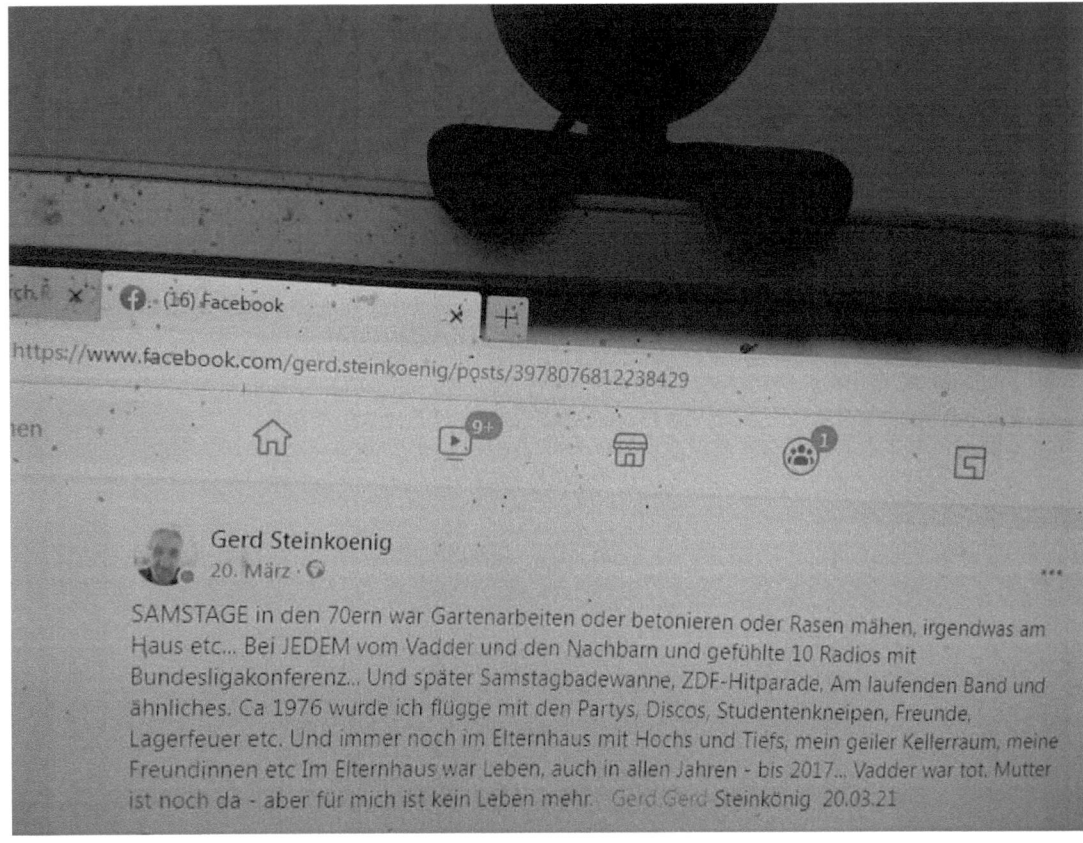

https://www.facebook.com/gerd.steinkoenig/posts/3978076812238429

Gerd Steinkoenig
20. März

SAMSTAGE in den 70ern war Gartenarbeiten oder betonieren oder Rasen mähen, irgendwas am Haus etc... Bei JEDEM vom Vadder und den Nachbarn und gefühlte 10 Radios mit Bundesligakonferenz... Und später Samstagbadewanne, ZDF-Hitparade, Am laufenden Band und ähnliches. Ca 1976 wurde ich flügge mit den Partys, Discos, Studentenkneipen, Freunde, Lagerfeuer etc. Und immer noch im Elternhaus mit Hochs und Tiefs, mein geiler Kellerraum, meine Freundinnen etc Im Elternhaus war Leben, auch in allen Jahren - bis 2017... Vadder war tot. Mutter ist noch da - aber für mich ist kein Leben mehr. Gerd.Gerd Steinkönig 20.03.21

26

MARGE UND LOB VON BARBARA :-D

Unser Messenger-Dialog zum 24. und letzten Buch von mir (Das Leben ist schön)

Barbara von Lauenstein

Glückwunsch zu deiner Arbeit und den Veröffentlichungen!

Sa, 19:03

Du hast Folgendes gesendet:

Das war das letzte Mal, ein Abschluss-Buch, Gerds Autor von Januar 2017 bis September 2021... Vielen Dank, liebste Barbara ❤

Sa, 19:36

Barbara

Barbara von Lauenstein

Das ist doch toll, diese Reihe, die du geschaffen hast! Etwas für die Ewigkeit

Sa, 22:23

Du hast Folgendes gesendet:

Tatsächlich! Sind alles in der Dt. Nationalbibliothek und Landesbibliothek RLP. Das ist kein Egotrip, aber da bin ich schon stolz... Ich hab mein Leben dabei und ewig - bis die Anziehung des Mondes auf die Erde stürzt in ca 5 Milliarden Jahren, hahaha

Barbara

Barbara von Lauenstein

Da kannst du auch stolz sein!

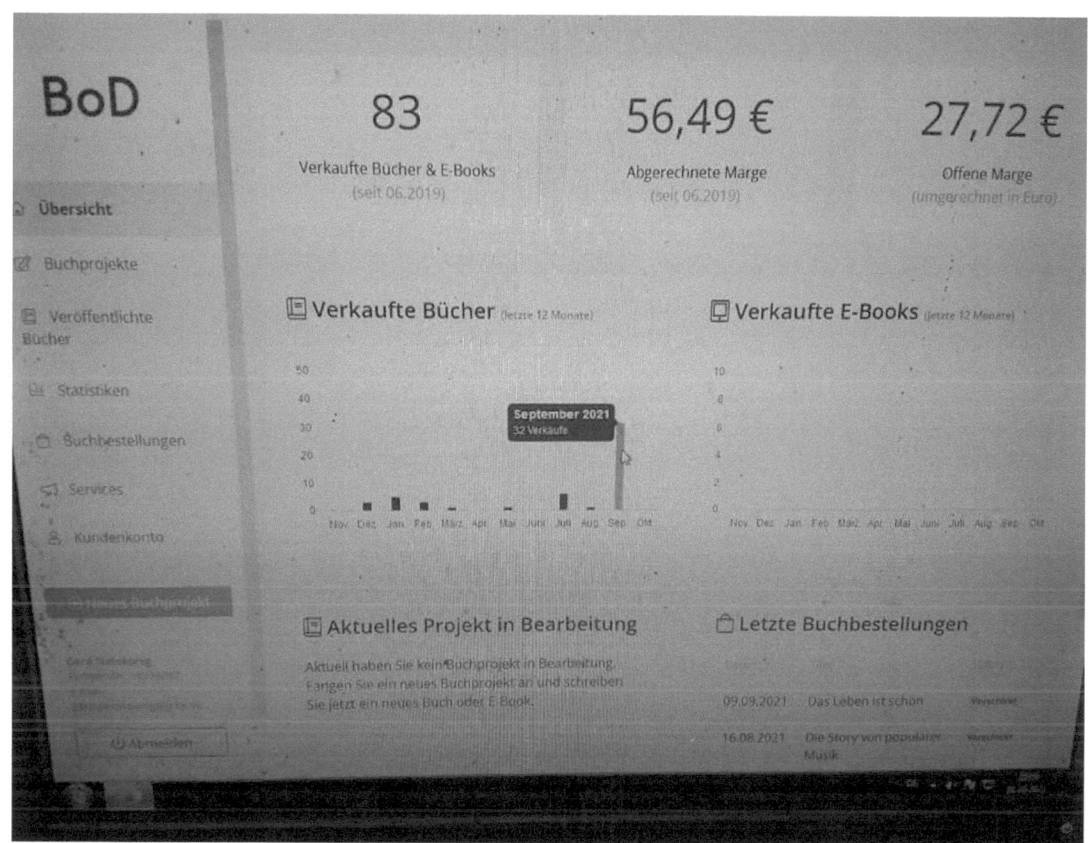

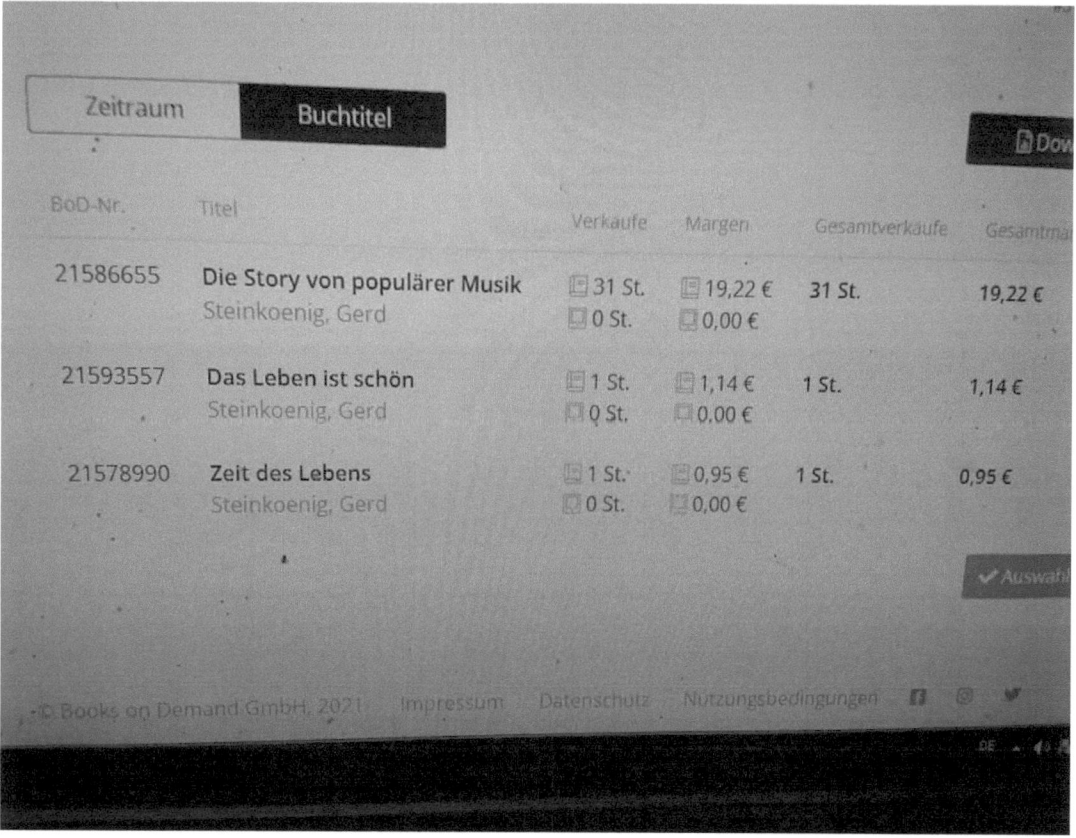

BEST OF BÜCHER TEIL 2 (Teil 1 aus dem Buch "Das Leben ist schön")

Erklärungen zu den Fotos: nach den Fotos :-D

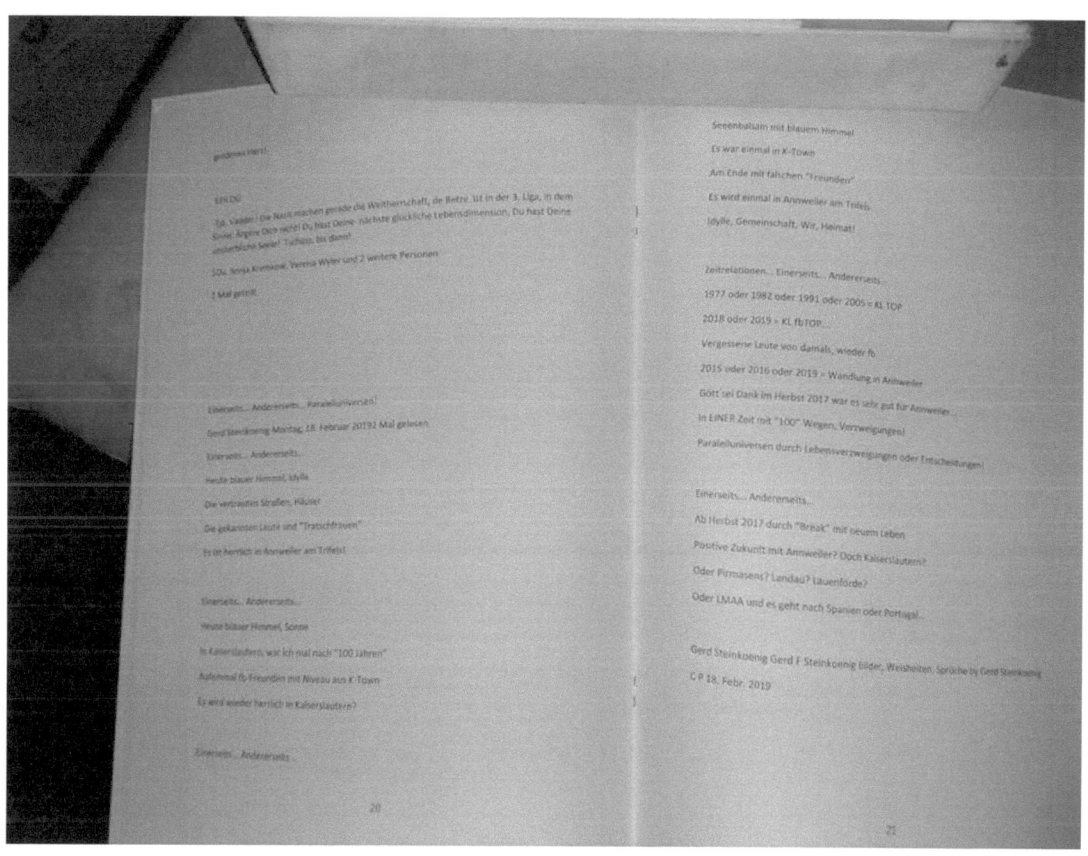

goldenes Herz!

ENDE

Fa, Vadder: Die Nazis machen gerade die Weltmeisterschaft, de Betrie. Ist in der 3. Liga, in dem Sinne. Ärgere Dich nicht! Du hast Deine nächste glückliche Lebensdimension, Du hast Deine zarterliche Seele! Tschüss, bis dann!

10x, Tereja Kremmer, Verena Wyler und 2 weitere Personen

1 Mal geteilt

Einerseits... Andererseits... Paralleluniversen!

Gerd Steinkoenig Montag, 18. Februar 2019 Mal gelesen

Einerseits... Andererseits...

Heute blauer Himmel, Idylle.

Die vertrauten Straßen, Häuser

Die gekannten Leute und "Tratschfrauen"

Es ist herrlich in Annweiler am Trifels!

Einerseits... Andererseits...

Heute blauer Himmel, Sonne

In Kaiserslautern, wie ich mal nach "100 Jahren"

Aufeinmal fb-Freunden mit Niveau aus K-Town

Es wird wieder herrlich in Kaiserslautern?

Einerseits... Andererseits

20

Seeenbalsam mit blauem Himmel

Es war einmal in K-Town

Am Ende mit falschen "Freunden"

Es wird einmal in Annweiler am Trifels.

Idylle, Gemeinschaft, Wir, Heimat!

Zeitrelationen... Einerseits... Andererseits...

1977 oder 1982 oder 1991 oder 2005 = KL TOP

2018 oder 2019 = KL flTOP...

Vergessene Leute von damals_wieder fb

2015 oder 2016 oder 2019 = Wandlung in Annweiler

Gott sei Dank im Herbst 2017 war es sehr gut für Annweiler

In EINER Zeit mit "100" Wegen, Vorzweigungen!

Paralleluniversen durch Lebensverzweigungen oder Entscheidungen!

Einerseits... Andererseits...

Ab Herbst 2017 durch "Break" mit neuem Leben

Positive Zukunft mit Annweiler? Doch Kaiserslautern?

Oder Pirmasens? Landau? Lauenförde?

Oder LMAA und es geht nach Spanien oder Portugal...

Gerd Steinkoenig Gerd F Steinkoenig Bilder, Weisheiten, Sprüche by Gerd Steinkoenig

C P 18. Febr. 2019

21

Nur ein Traum...

Gerd Steinkoenig·Sonntag, 24. Februar 20191 Mal gelesen

Durch New York City laufen, die Leute, die Stadtgeräusche, Brooklyn Bridge, Time Square, Manhattan, die Stadt die nie schläft...

Miami, Los Angeles, San Francisko, Paris, London, Rom, Tokio - Fernweh!

Alle Wälder und Naturen sehen - jetzt wo es noch geht... Der Nil, Niagara Falls, Rocky Mountains, Pfälzer Wald, Schwarzwald, Wörthersee, Südtirol, Indien... - Fernweh!

Dolce Vita! Tässchen schlürfen, faulenzen, die schönsten Frauen schauen - Hawaii, Seychellen, Kuba...

Früher wars gut: von Österreich bis Frankreich bis Spanien bis Schweiz... Immer neugierig über die Menschen und der Welt. Das durfte ich erleben - iss vorbei!

Sehen!! Louvre in Paris, ein Club in NYC, Safari in Kenia, die anderen Sternen - also in Australien..., Goa tanzen in Indien, WG in Portugal... Was weiß ich...

C P 24. Febr. 2019 Gerd Steinkoenig Gerd F Steinkoenig

AUSNAHMEZUSTAND & ZUKUNFT IN EINEM!

Ich bin allein ohne moi Katzemäädsche

Trotzdem Zukunft mit positivem Weg

Durch Covid19 Langeweile, Einsamkeit

Keine Perspektive, keine Körperdisziplin

Trotzdem Körperdisziplin, Geist-und Seeledisziplin

Ich bin in einem anderen Leben

Hoffentlich bald viel Sonne, Energie, Power, Leben

C P Gerd Steinkoenig 17.02.21 (4. Vater-Todestag)

weitere Personen

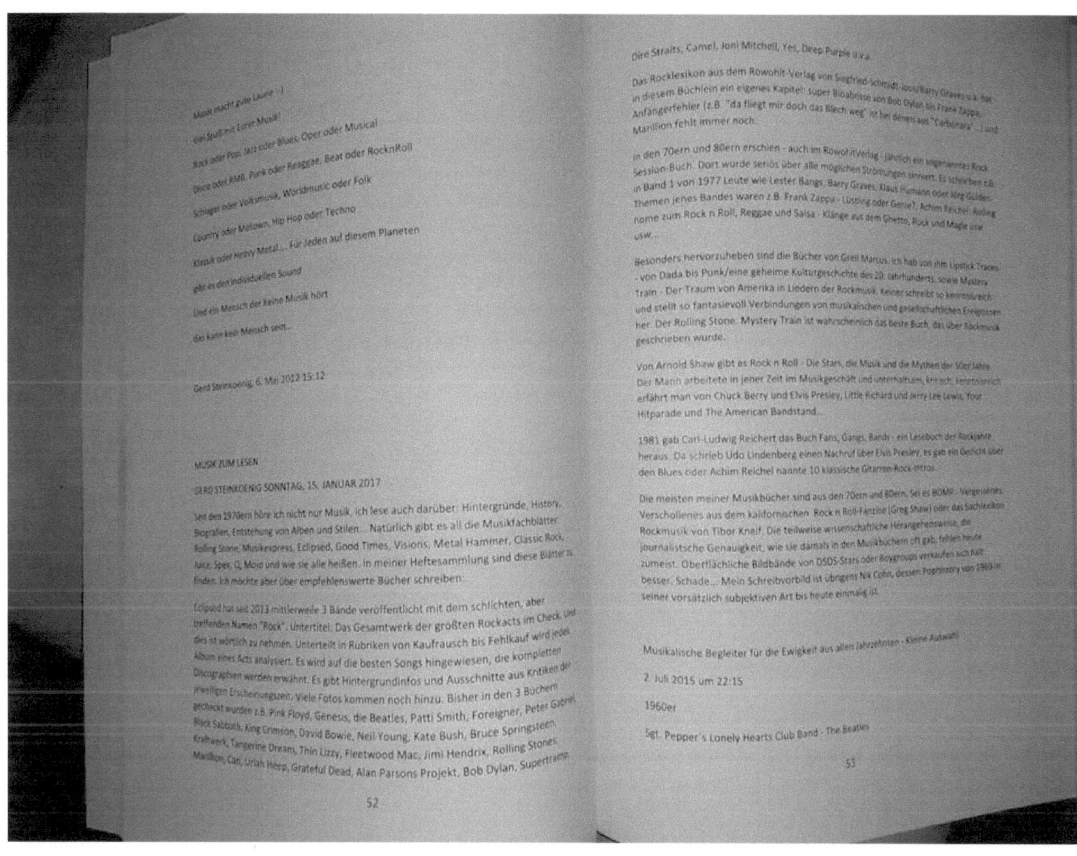

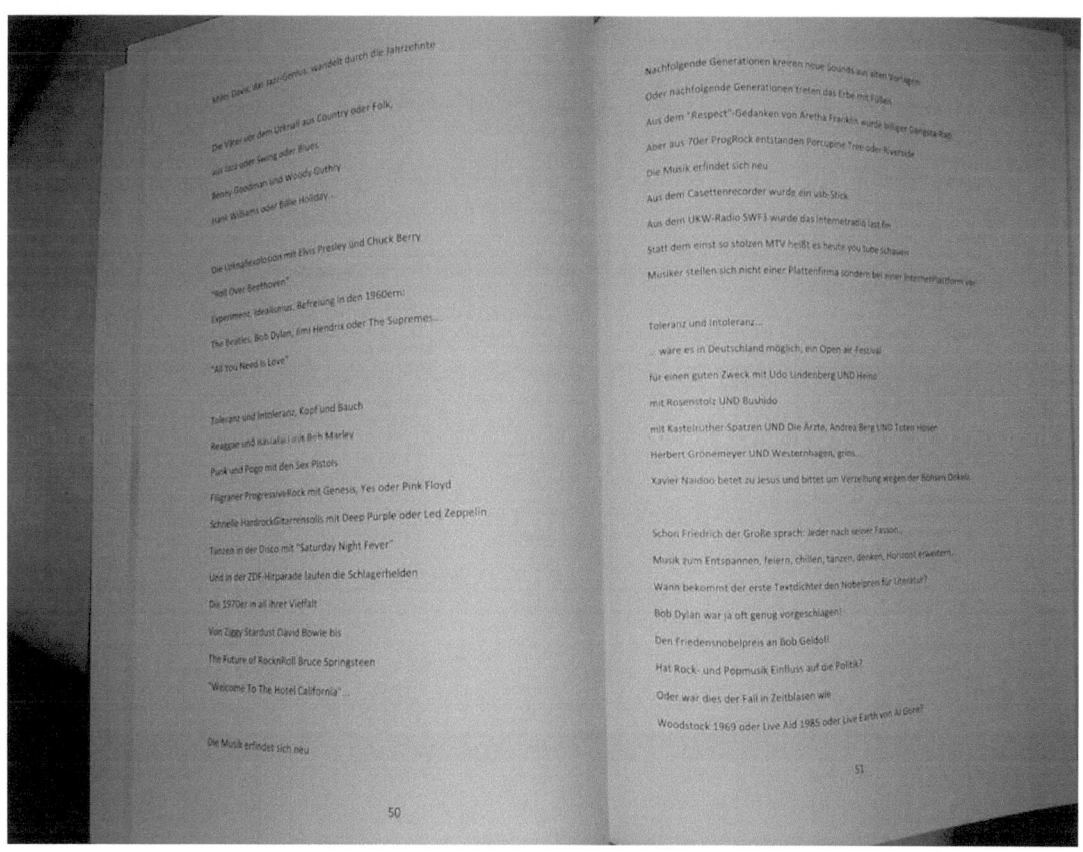

Mehr als Musik hören, Hintergründe erforschen

im...ma die Popular Music History erkunden

Rocklexikon oder Rolling Stone

Greil Marcus-Bücher oder Musikexpress

Zeitgeister ändern Musikgenres

War der Schlager einst innovativ von

Michael Holm bis Marianne Rosenberg

ist er heute zumeist verkommen zum Suff-Soundtrack

Aus dem 1980er Rap mit Aussage -

wurde 2000er Hip Hop mit Gangstageprotze

1970er Alternative Rock mit moderner Zukunft -

wurde 2000er Alternative Rock voller Konservatismus

Progressive Rock-Hörer der 1970er

mit fortschrittlichen Aspekten bei Plattenspieler und Meinungen,

heute hängen sie vergangenen Zeiten nach

und sind vorsätzlich zu blöd für Internet und facebook

Leider ist Musik zur Wegwerfware mutiert

1980 studierte man Plattencover und Songtexte und Gitarrensolis

2012 zieht man für das iPod schnell 100 CDs runter

und natürlich wird alles ruckzuck gedownloaded

Musik als Erinnerungsfaktor mit Lieblingssongs und Lieblingsalben

Für mich Forever die Dark Side Of The Moon von Pink Floyd

Genesis und The Beatles, David Bowie und Neil Young

Kate Bush, Sade und Annie Lennox...

Aber natürlich bin ich offen für die Musik 2012

Coldplay und Joss Stone, Gorrillaz und Bruno Mars und Lady Gaga

Und die "Ewigen" - 1985 schon dabei, heute immer noch, Lebensbegleiter

U 2 und Deep Purple, Metallica und Depeche Mode und Madonna

Wie war der Anfang... Geschmacksache sagte der Affe

Natürlich! Ein Volksmusik-Fan kann innovativ und fortschrittlich sein

ein Hardrock-Fan kann total spießig und ewig gestrig sein

Nur eines steht fest: THE MUSIC CAN NEVER DIE!!

MUSIK - ZWEITE VERSION

6. Mai 2012 um 15:15

Alle menschlichen Gefühle und Gedanken

sind in der Musik

Toleranz und Intoleranz, Kopf und Bauch

sind in der Musik

Jedes Zeitfenster spuckt seine Noten aus

Aus Außenseitern wird Mainstream

Bill Clinton spielt auf Saxofon "Hearbreak Hotel"

Walter Scheel singt "Hoch auf dem gelben Wagen"

49

MUSIK

27. April 2012 um 15:15

Geschmacksache sagte der Affe und biss in die Seife...

Sagt Musikgeschmack etwas über die Art von Mensch aus?

Sind Musikantenstadl-Zuschauer automatisch ewig gestrige Spießbürger?

Hardrock-Fans automatisch cool und Techno-Fans automatisch debil?

Melancholie und Entspannung mit den Söhnen Mannheims

oder der MTV-Unplugged von Udo Lindenberg...

Paaarty und Bier mit Eddie Van Halen´s Gitarrensolis

oder dem ewig jungen Smoke On The Water von Deep Purple

47

Von Seite 47 bis 53 aus meinem 1. ISBN-Buch "Blood On The Rooftops" solltet Ihr achten... Bisschen durcheinander, sorry!! Trotzdem: Musik ist zeitlos, wenn die Jahre oder Genres durcheinander ist... Aus dem Jahr 2012! Da war ich ganz anders drauf... 5 Jahre vor meinem Schlaganfall... Die restlichen Fotos ist aus meinen no-isbn-Büchern... Meine Bücher = Tagebuch, Momentum, Zeit! facebook = Tagebuch, Momentum, Zeit!

Ach ja, wegen meinem Katzemäääädsche Molly!! Das war 13 Tage nach ihrer nächsten Lebensdimension... Wie ich schrieb, war ich immer noch traurig. Das war Hardcore! Nun weiß ich ja (wie schon am Anfang, aber dies auch einzubrennen), das wir uns wiedersehen und sie miaut freudig mit steilem Schwanz und ich freue mich auch und ich streichele sie, kraule sie... Ja, und Großvater und Vater etc... Vielleicht ist Molly gerade unterwegs als irdische Katze auf der Erde, weil die Seele noch woanders ist oder weil Gott gemeint hat. Aber natürlich ist meine Molly-Seele wieder da im Nirvana und wir schmusen!! Ich weiß es nicht so richtig: Nirvana? Licht? Energie? Auf jeden Fall Lebensdimension und alle Seelen sind unsterblich!! Bess demnäx, moi Katzemäääädsche, Großvater, Vater...

Gerd Steinkoenig hat Weihnachten gefeiert.

24. Dezember 2020 ·

Mit Öffentlich geteilt

HEILIGABEND 2020, 16:48 - Kirchenglocken, ruhig in meiner Straße, menschenleer, wie jedes Jahr, bestimmt viele Familien mit Tannenbaum oder Bescherung oder... Oh, ist ja erst eine Stunde oder zwei... Ob 1976 oder 2020, bei dieser Nacht ist alles gleich mit Besinnung, Freude, Freundschaft, Gemeinschaft... Egal mit Leute oder nicht: Hauptsache Reinheit mit Körper, Seele, Geist!

Gerd Steinkoenig

13. November 2020 ·

Mit Öffentlich geteilt

EINE PROSA MIT 21 ZEILEN C P 13.11.2020 by GFS

Erinnerungen und Erlebnisse

Zeitläufe, Zeitgeister, Zeitmomente

Mein Katzenmädchen anno 2012 durch fb-Foto

Heute, 2020, gehts ihr nicht so gut - hoffentlich

Konzerte von Pink Floyd oder Genesis 1987/1988

Mit Lightmegashow, Lasershow

2020 nur Schulterzucken, nur Wegwerfware

Covid19 ist Vorsicht um (meine) Gesundheit

Covid19 ist Staatserziehung ist andere Gesellschaft

1968! Hää? 1977! Hää? 1989! Hää?

2020 ist Neue Weltordnung ist Staatserziehung

Junge Leute haben keine Ahnung vom 20. Jahrhundert

Davon nur von you tube, Wikipedia, Verschwörungen

21. Schrotthundert ist scheiße

20. Jahrhundert ist geil

Sorry, war scheiße von z.B. WW I, WW II

Aber Human Respect, Human Nature

Nur ein bisschen Beispiel: Gandhi, Nelson Mandela,

Mutter Theresa, James Dean, MM, BB, CC, DD,

Elvis, Beatles, Andy Warhol, Willy Brandt,

Pearl S Buck, John Steinbeck, Morricone...

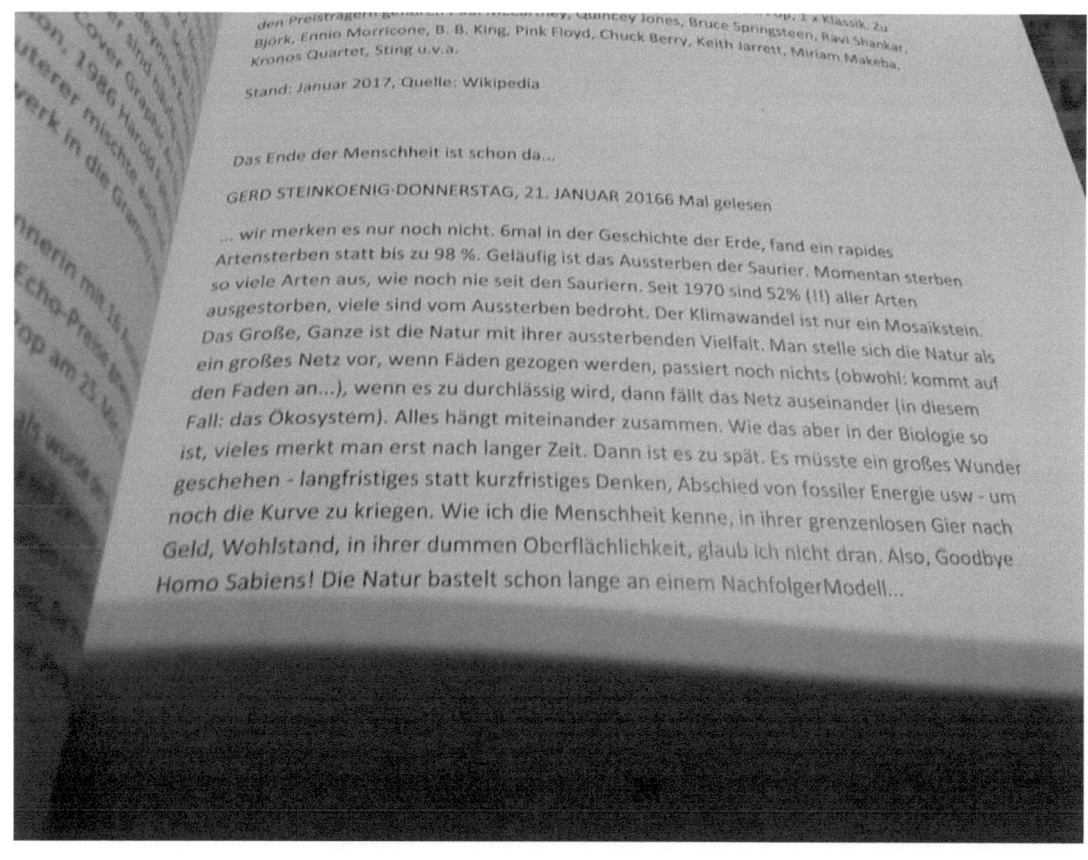

den Preisträgern gehören Paul McCartney, Quincey Jones, Bruce Springsteen, 1 x Pop, 1 x Klassik. Zu
Björk, Ennio Morricone, B. B. King, Pink Floyd, Chuck Berry, Keith Jarrett, Miriam Makeba, Ravi Shankar,
Kronos Quartet, Sting u.v.a.

Stand: Januar 2017, Quelle: Wikipedia

Das Ende der Menschheit ist schon da...

GERD STEINKOENIG·DONNERSTAG, 21. JANUAR 20166 Mal gelesen

... wir merken es nur noch nicht. 6mal in der Geschichte der Erde, fand ein rapides
Artensterben statt bis zu 98 %. Geläufig ist das Aussterben der Saurier. Momentan sterben
so viele Arten aus, wie noch nie seit den Sauriern. Seit 1970 sind 52% (!!) aller Arten
ausgestorben, viele sind vom Aussterben bedroht. Der Klimawandel ist nur ein Mosaikstein.
Das Große, Ganze ist die Natur mit ihrer aussterbenden Vielfalt. Man stelle sich die Natur als
ein großes Netz vor, wenn Fäden gezogen werden, passiert noch nichts (obwohl: kommt auf
den Faden an...), wenn es zu durchlässig wird, dann fällt das Netz auseinander (in diesem
Fall: das Ökosystem). Alles hängt miteinander zusammen. Wie das aber in der Biologie so
ist, vieles merkt man erst nach langer Zeit. Dann ist es zu spät. Es müsste ein großes Wunder
geschehen - langfristiges statt kurzfristiges Denken, Abschied von fossiler Energie usw - um
noch die Kurve zu kriegen. Wie ich die Menschheit kenne, in ihrer grenzenlosen Gier nach
Geld, Wohlstand, in ihrer dummen Oberflächlichkeit, glaub ich nicht dran. Also, Goodbye
Homo Sabiens! Die Natur bastelt schon lange an einem NachfolgerModell...

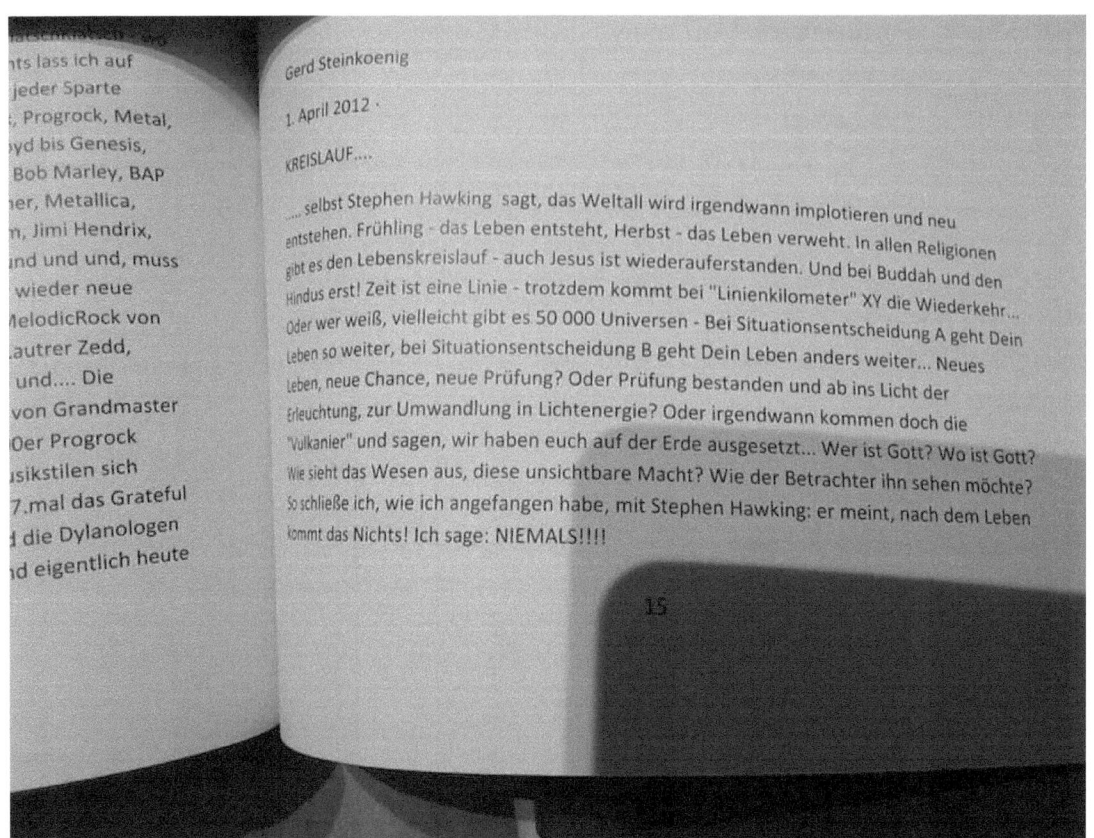

Gerd Steinkoenig

1. April 2012 ·

KREISLAUF....

.... selbst Stephen Hawking sagt, das Weltall wird irgendwann implotieren und neu entstehen. Frühling - das Leben entsteht, Herbst - das Leben verweht. In allen Religionen gibt es den Lebenskreislauf - auch Jesus ist wiederauferstanden. Und bei Buddah und den Hindus erst! Zeit ist eine Linie - trotzdem kommt bei "Linienkilometer" XY die Wiederkehr... Oder wer weiß, vielleicht gibt es 50 000 Universen - Bei Situationsentscheidung A geht Dein Leben so weiter, bei Situationsentscheidung B geht Dein Leben anders weiter... Neues Leben, neue Chance, neue Prüfung? Oder Prüfung bestanden und ab ins Licht der Erleuchtung, zur Umwandlung in Lichtenergie? Oder irgendwann kommen doch die "Vulkanier" und sagen, wir haben euch auf der Erde ausgesetzt... Wer ist Gott? Wo ist Gott? Wie sieht das Wesen aus, diese unsichtbare Macht? Wie der Betrachter ihn sehen möchte? So schließe ich, wie ich angefangen habe, mit Stephen Hawking: er meint, nach dem Leben kommt das Nichts! Ich sage: NIEMALS!!!!

15

Excuse me Sir,
The Train For
A Better World...?
Puerto Libre

Jahrtausend - fb - Foto mit der Frage nach better world von einem Kind...

27.12.2020 mit Molly und mir - am 4. Febr. 2021 ging sie in ihre Lebensdimension!

Gerd Steinkoenig fühlt sich nachdenklich.

22. Dezember 2020 ·

Mit Öffentlich geteilt

1973 aus meinem uralten Kalenderbuch... Da war ich 13... Natürlich XMas Geschenke an Heilig Abend... Vorher nachmittags mit Vater zu Großvater gefahren - Mutter Baum geschmückt. Und Abends dann Bescherung, Überraschung etc... Heute ist XMas scheiße! Keine Menschen, keine Geschenke und behindert... ABER ICH HAB LICHT IM TUNNEL!! Positive Vibrations!

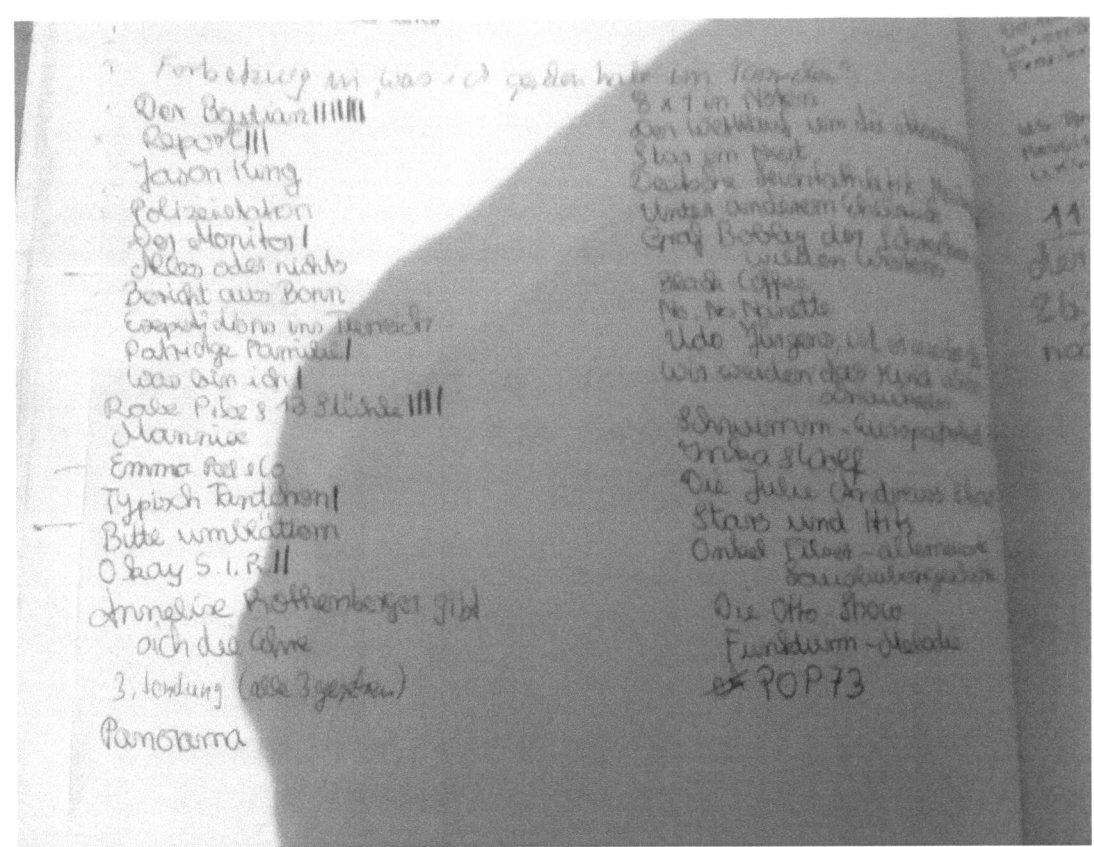

3 x 6 ALBEN = MEIN MUSIKLEBEN

3 x 6 Alben = mein Musikleben! Feat. 2xGenesis, Pink Floyd, The Beatles, Led Zeppelin, Marillion, MotownSound etc etc... (GFS 02.10.21) - war im facebook inkl Fotoalbum. Dieses Kapitel ist die gefühlte 492. Alben-Version... 44 empfehlenswerten Alben all time von 1983 (ist übrig aus meinem verschollenen Aufsatz "Story of Rock"), Jahrzehntealben (zig Alben aus den 60ern, 70ern, 80ern, 90ern 2000er aus meinem Buch "Blood On The Rooftops"), 10 All Time Alben von 1990 (auch in meinen Büchern) etc etc... Diesmal DAS: Mein Musikleben mit meiner Lieblingsband (seit 1976) Genesis (mit M.K., R.R., M.B., A.P. etc...), Neil Young (Lagerfeuer-Sugessionen oder D.P.), Marillion (legendary concert to me!!), Marianne Rosenberg (MEINE Marianne aus den 70ern und überhaupt 70er Schlager), The Beatles (mit Casettenrecorder schon 73 oder 74 Songs aufgenommen, ein Beatles-Buch aufgesogen), Pink Floyd (MEIN Nr 1 Album ever!! The Dark Side Of The Moon!! Mit "Time" den Text im Englischunterricht diskutiert und natürlich gehört durch Ersatz-Englischlehrer.... 70er Schule, yeah!!), Donna Summer (Evergreen Disco...), Miles Davis (mein Geburtsjahr- Album 1959 mit "Kind of Blue"), Deep Purple (Made in Japan vom Nachbar in Schwedelbach) - genauso mit Sweet... etc etc...